COMMENT CONSTRUIRE
UNE CATHÉDRALE

Du même auteur

Le Lézard, Fayard, 2004
Les Maladroits, Fayard, 2007
Les Plaisirs difficiles, Le Seuil, 2009
Le Ciel antérieur, Le Seuil, 2013
45 tours, Rivages, 2016

Un dossier iconographique
est disponible à l'adresse :
www.editionspleinjour.fr/cathédrale/

Mark Greene

COMMENT CONSTRUIRE UNE CATHÉDRALE

récit

PLEIN JOUR

www.editionspleinjour.fr

Les livres Plein Jour sont commercialisés
en partenariat avec la S.N. Éditions Anne Carrière
et diffusés par Interforum.

ISBN 978-2-37067-019-9

Je suis né en Espagne, en… Mais c'était un autre monde.

J'y ai vécu jusqu'à l'âge de dix-huit ans. J'y retourne régulièrement, pour rendre visite à ma mère. Elle est française, mais elle habite Madrid depuis 1953. C'est là qu'elle a connu mon père, un photographe américain, dans un café de la Gran Vía.

L'espagnol a été ma première langue, non par la volonté de mes parents, mais parce que la personne qui aidait ma mère, à la maison, était espagnole. Ensuite, l'espagnol est devenu la langue des jeux, du sport, de la télévision, de la cour de récréation. Le français, pour moi, était la langue des études et des livres. J'ai passé mon bac à Madrid et, à dix-huit ans, je suis venu vivre en France.

En somme, j'ai partie liée avec l'Espagne, c'est le moins qu'on puisse dire, et pourtant je n'ai jamais rien écrit sur elle. Pas la moindre référence, la plus petite allusion. Une amie, Olivia, m'en fait gentiment le reproche : « Écris sur l'Espagne. Parles-en. Mets cette part de toi en avant. » Olivia pense, sans doute, que j'ai intérêt à valoriser mes spécificités, à construire une image dont le lancement de mes futurs livres pourrait bénéficier. Dans cette perspective, je suppose qu'il convient de mentionner ce que les autres, ou beaucoup d'autres, n'ont pas. En l'occurrence, ce cosmopolitisme qui est le mien (et qui a son pendant : je ne voyage presque pas, bien moins que la plupart des gens que je connais).

L'Espagne… Oui, il faudrait que je me décide à en parler. À écrire sur elle. Il y a là, qui sait ? non seulement un argument médiatique, mais une mine narrative. Il serait temps. Mais ça ne vient pas… Ça ne veut pas. L'Espagne résiste. Elle reste dans son coin. J'aimerais savoir pourquoi… Le plus souvent, le décor de mes livres est Paris, ou bien la province française, pour laquelle j'ai beaucoup de tendresse. J'ai fait une incursion à New York, où mon père est né, et, plus récemment, dans les Dolomites italiennes, dressées quelque part dans mon imaginaire, surgies de lointaines lectures de Dino Buzzati… Mais pas une ligne sur l'Espagne.

Pour tout dire, le mot lui-même m'est difficile à écrire. J'ai un peu de peine à aligner les lettres : « Espagne » (de ce point de vue, ce jour est exceptionnel : je viens de l'inscrire à six reprises sur les deux pages précédentes). J'éprouve une sorte d'embarras, de gêne…

Or, il y a quelques mois, un événement s'est produit : Sibylle Grimbert et Florent Georgesco, un couple d'éditeurs, m'ont fait une proposition. Ils ont vu, à la télévision, un reportage consacré à un curieux personnage. Justo Gallego est un vieil homme qui, depuis plus de cinquante ans, construit une cathédrale dans la grande banlieue de Madrid. Il n'avait, au départ, aucune notion d'architecture, n'avait même pas travaillé comme maçon. Fils d'un petit agriculteur, il avait été novice dans un monastère, près de Soria, dont il fut expulsé par crainte d'une contamination, après avoir contracté la tuberculose. Réfugié chez sa mère et sa sœur (son père était mort quand il n'avait que neuf ans), il parvint à guérir et, dès lors, il se mit en tête de construire une cathédrale, seul, de ses propres mains, sur un terrain agricole appartenant à sa famille. Sibylle et

Florent ont pensé que je serais capable d'écrire un texte sur lui, qui pourrait avoir quelque intérêt. D'ici, je les remercie pour leur confiance – dont j'ai reçu déjà, dans le passé, des preuves tangibles – mais peut-être n'ont-ils pas mesuré les difficultés, pour moi, d'un tel projet.

La première question que je me suis posée, c'est : est-ce un sujet pour moi ? Aurai-je assez d'idées, de matériau narratif, pour aller au bout d'un tel projet ? Certes, il s'agit d'un ouvrage relativement modeste, d'un mince volume, mais tout de même… Les petits livres ne sont pas forcément les plus faciles à réaliser. À l'heure où j'écris ces premières lignes, j'avoue n'avoir pas encore trouvé la réponse.

Soit dit en passant, c'est une question qu'il est permis de se poser, lorsqu'on a entrepris de rédiger un livre, peu importe lequel : suis-je capable d'aller au bout ? Difficile de savoir à l'avance. Tout ce qu'on peut dire, c'est qu'on a l'impression, l'intuition, que l'entreprise sera plus ou moins ardue. Et qu'on avance, pas à pas, en espérant qu'il y aura encore une phrase à ajouter à l'ensemble, une nouvelle phrase… Quelquefois, ça vient. Les doigts courent sur le clavier, les phrases surviennent, se suivent sans effort. Mais il y a des jours, aussi, où la pente est assez forte…

Ces jours-là, l'auteur serait tenté de lever les yeux au ciel et de supplier : encore une phrase, rien qu'une toute petite phrase… Une phrase pour continuer, qui, peut-être, en amènera une autre. Et cheminer, ainsi, jusqu'à la fin… Phrase après phrase, patiemment. Jusqu'à inscrire le mot *fin*.

Mais, là non plus, les choses ne sont pas simples : à quel moment décréter qu'il y a fin ? Le doute est diablement permis. Le thème du livre a-t-il été suffisamment traité, assez longuement exploré ? N'est-on pas passé à côté de l'essentiel ? La tentation est grande d'élargir le dispositif, de faire quelques pas supplémentaires, de visiter encore une pièce du château, de descendre une dernière fois dans les caves…

Certains auteurs n'ont pas ces difficultés. Comment font-ils ? Je crois que c'est assez simple : ils ont eu la bonne idée, avant de commencer à rédiger, d'établir un plan. Voilà la solution, sans doute… Les écrivains raisonnables (et, dans leur vie, les gens raisonnables) font des plans. Ils délimitent une zone narrative, qu'ils s'efforcent de borner avec précision, de distribuer en secteurs. Ils sondent, mènent l'enquête, nettoient le terrain. C'est ce qu'on appelle le travail de recherche, de préparation… Ils n'ont plus, ensuite, qu'à remplir les cases. Dès lors, la rédaction tient davantage de l'épreuve sportive que de l'aventure intérieure. Le terrain a été mesuré, balisé. La ligne d'arrivée est nettement tracée. Il n'y a plus qu'à prendre le départ. Comme dans un triathlon, l'écrivain devra enchaîner les épreuves, il lui faudra nager, puis faire du vélo, puis courir, fixé sur son objectif…

Et puis, il y a ceux qui n'ont pas de plan. Ceux qui se lancent, les imprudents, à partir d'une phrase. Ceux qui ont la folie de croire qu'une phrase suffit. Une phrase qui, peut-être, donnera naissance à une deuxième phrase. Laquelle en enfantera une troisième… Il y a les écrivains des plans et les écrivains des phrases… Il y a aussi les lecteurs des plans et les lecteurs des phrases. Ceux qui sont impatients de connaître la fin de l'histoire, et ceux qui ont envie de lire la prochaine phrase…

Je ne peux m'empêcher, ici, de faire un parallèle : Justo n'avait pas de plan. Il a construit sa cathédrale sans plan. Il avait, certes, une idée en tête. Mais pas de « plan papier ». Il aurait été bien incapable d'en établir. Il a commencé par creuser, à l'aide d'une pelle et d'une pioche (en espagnol, on dit : *el pico y la pala* – autrefois ces deux outils étaient omniprésents, en Espagne, ils étaient à l'origine de tout ce qui se faisait, se construisait, ils étaient l'épée et le bouclier de tout ouvrier, de tout *obrero*).

Petite remarque : le terme d'*obrero* évoque plus spécifiquement l'ouvrier du bâtiment ou de la voirie, un personnage archétypal, fortement inscrit dans l'imaginaire collectif. L'*obrero* est un peu primaire, mal embouché, d'un caractère plutôt rugueux. Souvent de petite stature, mais solide et agile, il porte un bleu de travail (le *mono* – qui signifie également « singe ») généralement maculé de plâtre et de ciment, et dont le col est largement ouvert. Si le chantier sur lequel il travaille – en faisant preuve d'une certaine nonchalance – est longé par un trottoir, il lui tient à cœur de siffler ou d'apostropher les femmes qui viennent à passer (c'est le fameux *piropo*). Celles-ci pressent un peu le pas, mais tolèrent ce débordement. Il peut être coiffé d'un casque en plastique, souvent de couleur blanche, ou, de façon plus caricaturale, d'un mouchoir en tissu avec un nœud à chacune des quatre pointes, pour le faire tenir sur la tête.

Justo, lui aussi, arbore un *mono* bleu, mais le sien est propre et laisse apparaître une assez élégante chemise blanche. Il n'a pas de mouchoir sur la tête, mais un petit béret rouge assez seyant (confectionné par une femme du village, spécialement pour lui) et, depuis quelques années, il noue une ceinture rouge autour de sa taille, fabriquée à partir d'une écharpe frappée du logo Coca-Cola (bientôt nous saurons pourquoi). Le bleu et le rouge, par conséquent, sont ses couleurs emblématiques, qui le rendent facilement reconnaissable. Il ne change jamais de tenue. Un conseiller en marketing applaudirait des deux mains.

Le béret rouge fait un peu penser à celui des *requetés*, ces soldats du mouvement royaliste carliste qui se sont ralliés à Franco pendant la guerre civile, et ont ensuite eu maille à partir avec lui. Il y a de l'ouvrier, dans son allure, mais aussi de l'ecclésiastique et du militaire. Un peu du moine-soldat... De l'artiste, aussi. Le bleu de travail et le béret font songer à la panoplie de certains peintres ou sculpteurs d'autrefois. Justo n'est pas grand, mais il est sec et longiligne. C'est un homme debout, orgueilleux, conscient de l'image qu'il offre, et qui voudrait servir d'exemple.

Il y a longtemps, j'ai croisé Samuel Beckett à un arrêt de bus (l'arrêt du 38, place Denfert-Rochereau, à Paris). Il était vêtu d'une vareuse bleue, de la même teinte qu'un bleu de travail. Il était long, sec, presque maigre, d'une vivacité extrême. Nous nous sommes regardés pendant un bon moment. Moi, le reconnaissant, et lui, si l'on peut dire, se laissant reconnaître... C'était un matin de printemps, il faisait beau et nous étions tous les deux, seuls, sous l'abribus. Il a fait semblant d'observer le tableau des horaires, les « passages prévus », tout en me lançant de rapides coups d'œil. Comme s'il s'apprêtait, lui, à prendre le bus... Comme s'il jouait au touriste, cherchant des renseignements. Puis il a tourné les talons, est parti, très vite, sur ses longues jambes, en direction du boulevard Saint-Jacques… C'est là qu'il habitait, je l'ai appris plus tard, près de l'hôtel PLM.

Il y avait, dans cette brève rencontre, une solennité sans apprêt. Chaque seconde était importante. Le regard, la mobilité intellectuelle de Justo ont quelque chose de cela. Une attention extrême portée à l'instant présent.

Donc, il a pris sa pioche et il a commencé par creuser un trou (dans ce trou il y a aujourd'hui une crypte, qu'on peut visiter et qui possède son silence, sa propre qualité de silence). Et il a continué. Jour après jour, depuis le 12 octobre 1961. C'est le jour où il a donné le premier coup de pioche. Dans le sol, certes cultivable mais tout de même assez aride, de ce lopin de terre de Castille. Sans plan, c'est-à-dire sans fin.

Mais peut-être, à ce stade, convient-il de faire un peu d'histoire…

En octobre 1961, Franco est au pouvoir depuis déjà vingt-deux ans. Son régime, si l'on peut dire, entre dans sa phase de maturité. Oubliée la période « idéologique », le pragmatisme s'impose. La bourgeoisie catholique de l'Opus Dei remplace, aux postes clés du gouvernement, les phalangistes et les ex-combattants de la guerre civile, qui forment l'épine dorsale du Movimiento (l'organisation partisane qui structure l'État franquiste). Sans faire de vagues, presque en catimini, l'Espagne reprend place dans le concert des nations, dont elle était exclue depuis la victoire des nationalistes. Quelques années plus tôt, soutenue par les États-Unis, elle a été admise à l'ONU.

Les touristes font leur apparition… L'Europe du Nord est riche, développée. L'Espagne l'accueille à bras ouverts. Les visiteurs découvrent un pays ensoleillé, bon marché, mais aussi joyeux et, à sa façon, tolérant. On déjeune à trois heures de l'après-midi, on se couche tard, il y a la corrida, le goût de la fête et de la nuit… Une certaine décontraction, un laisser-aller qui, peut-être, est la face aimable d'une forme de fatalisme. *Spain is different*, dit-on.

Les Américains tournent des films. Almeria devient la Mecque du western. Orson Welles, Hemingway viennent régulièrement, pour l'ambiance et pour la corrida (Picasso l'aime aussi mais lui se refuse à franchir la frontière). Ava Gardner s'installe à Madrid, où le producteur Samuel Bronston a fait bâtir des studios.

Il faut accueillir tout le monde. On commence à construire, notamment sur la côte méditerranéenne. Costa Brava, Costa del Sol… Le boom économique est d'abord un boom de la construction. D'ailleurs, on bâtit un peu partout, dans les grandes villes aussi : Madrid, Barcelone accueillent des milliers de nouveaux venus, des Espagnols des campagnes, souvent d'Andalousie et d'Estrémadure, poussés dans les agglomérations par l'exode rural. Des quartiers de brique rouge s'étendent autour des vieux centres urbains.

Justo, lui aussi, construit. De ce point de vue, il est à l'unisson de son époque. À ceci près qu'il construit seul. Et qu'il construit pour rien. Sans espoir de profit. Et pour personne, sinon pour Dieu et de très hypothétiques fidèles. Il construit une cathédrale dans un village. En 1961, Mejorada del Campo n'est pas encore une ville de grande banlieue, grosse de vingt mille habitants, à laquelle on accède par une bretelle d'autoroute. C'est, comme son nom l'indique, un village au milieu des champs. Trois rues, une place centrale, des maisons d'un seul étage, une église dont les dimensions sont bien suffisantes pour accueillir la population…

Madrid est à l'ouest, qu'on aperçoit depuis le clocher. Au sud-est, c'est le début de la Mancha, territoire mythique et peu habité, grenier à blé ponctué de villages écrasés de soleil et, ici et là, de moulins à vent perchés sur des collines.

Certains d'entre eux, au début des années soixante, sont encore en activité, reliés aux routes par des chemins muletiers. Les campagnes espagnoles conservent un petit goût de Moyen Âge. Il y a très peu d'automobiles. Ma mère se souvient de l'époque où, dans les villages, l'arrivée d'une voiture constituait un événement. Les enfants se précipitaient (il y avait encore des enfants, dans les villages). Ils regardaient, voulaient toucher. Un petit cortège se formait. C'était quelques années plus tôt, à la fin des années cinquante… Mon père prenait des photos, qu'il développait lui-même dans sa salle de bain transformée en laboratoire, avec son ampoule rouge. Il croyait encore, en ce temps-là, à son destin d'artiste photographe. Il ne lâchait pas son Leica acheté à New York, ou bien le lourd Rolleiflex, qu'il fallait tenir contre son ventre pendant la prise de vue. Il abandonnait ma mère pour suivre des jeunes gens, des guides improvisés qui venaient le trouver et voulaient lui montrer quelque chose, un lieu pittoresque, une curiosité… Elle devait l'attendre, parfois pendant des heures, dans des cafés déserts, mal tenus, où il était impossible d'obtenir un thé buvable.

Mon père se laissait prendre… L'Espagne le happait. Il perdait la notion du temps. À Tolède, voyant qu'il avait autour du cou un appareil, des enfants vinrent lui parler, l'entraînèrent dans une cave, située sous un vieil immeuble d'habitation, à laquelle on accédait par un passage secret. Il découvrit, là, un alignement de momies… L'Espagne était un autre monde, si loin du reste de l'Europe, si loin de l'Amérique où il était né, résolument tournée vers la modernité. L'Espagne était vierge, profonde, ancestrale, à la fois opaque et lumineuse…

Dans les villes, dès dix heures du soir, les trottoirs étaient arpentés par les *serenos*, coiffés d'une casquette grise, vêtus d'une lourde cape et armés d'une canne à bout ferré. Souvent, il s'agissait d'anciens soldats ayant appartenu à l'armée « nationale » (certains étaient des invalides légers, des borgnes, des boiteux), qui détenaient les clés des portails dont ils avaient la garde et, le cas échéant, faisaient office d'auxiliaires de police. Il fallait taper dans ses mains, attendre que le bonhomme se présente, vous dévisage, sélectionne la bonne clé dans le trousseau qui pendait à son ceinturon, lui donner la pièce… « *¡ Sereeeno !* » les entendait-on crier au milieu de la nuit afin de signaler leur présence, rassurante et funèbre. Le mot veut dire « serein, tranquille ». On pourrait le traduire aussi par « rien à signaler ». Un parfum de couvre-feu flottait dans les rues… La guerre durait, à sa façon (on ne sait jamais quand s'achève une guerre, même lorsque la paix s'est installée). Franco maintenait l'Espagne à l'écart, dans un autre temps, dans un autre siècle, l'éloignait (ou la préservait) de la modernité, la conservait dans un invisible formol.

Non loin de la maison, les Nuevos Ministerios (« nouveaux ministères ») étendaient leurs interminables façades grises, horizontales, granitiques. On devinait d'immenses bureaux, reliés par une infinité de couloirs, éclairés par des néons blafards. Des bureaux vides, souvent, ou occupés par des fonctionnaires désabusés, mimétiques, peu soucieux des tâches à accomplir. Les prébendes, les emplois plus ou moins fictifs étaient légion. On parlait d'un tel qui, affublé d'un titre ronflant, n'apparaissait à son bureau que le vendredi, afin de relever son courrier, d'un autre qui ne s'y rendait que la première semaine du mois. En ce temps-là, Madrid n'avait rien d'une ruche ou d'une fourmilière. C'était une grande ville, certes, mais où l'espace et le temps semblaient abonder (de nos jours, l'un et l'autre sont grignotés, dévorés par une agitation permanente). Une ville assez spleenétique, pour reprendre un terme baudelairien. Des trottoirs déserts, ensoleillés, des places vides qui faisaient penser aux tableaux de Giorgio De Chirico. Une ville à contretemps, ordonnée, immuable, où la pierre et le ciel semblaient entretenir un dialogue muet.

Nous habitions avenue du Généralissime, la principale artère de Madrid, orientée du nord au sud et qui la séparait en deux parties presque égales. C'est l'actuelle Castellana. L'appartement était au treizième étage d'un immeuble moderne et, de la fenêtre, on pouvait contempler les sommets enneigés de la Sierra de Guadarrama.

De temps à autre, vers le milieu de l'après-midi, nous apercevions des policiers sur le toit des immeubles voisins. C'étaient des *grises*, des « gris », vêtus d'un uniforme gris clair et d'une casquette à bande horizontale rouge, au-dessus de la visière. Ils braquaient leurs jumelles sur l'avenue, les rues adjacentes, les fenêtres des autres immeubles. Simultanément, nous constations que la circulation, sur l'avenue, avait été stoppée. La vie s'était arrêtée, un grand silence s'installait. Dès lors, nous savions qu'il allait passer, dans un laps de temps d'à peu près une demi-heure. Quelquefois, ma mère et moi descendions sur l'avenue, comme on va au spectacle, pour voir passer le cortège. Des policiers (les mêmes *grises* que sur les toits des immeubles) stationnaient le long du parcours, tous les trente mètres. Ils tournaient le dos à l'avenue, scrutant la maigre foule des curieux. Nous attendions. Soudain, un vrombissement devenait perceptible, s'amplifiait. Le cortège arrivait à grande vitesse, glissait sur le rail central de l'avenue en direction du sud – de grandes voitures d'allure américaine, longues et rectangulaires, semblables aux bâtiments des Nuevos Ministerios (certaines étaient fabriquées en Espagne par la compagnie Barreiros), puis le dispositif des motards entourant la Cadillac ou la vieille Rolls noire (le modèle Phantom IV, fabriqué en dix-huit exemplaires, dont trois appartenaient au Caudillo). Il se rendait à quelque commémoration, quelque célébration de l'Espagne traditionnelle, vraisemblablement dans l'enceinte du stade du Real

Madrid, le Santiago Bernabéu, situé un peu plus bas. Il ne faisait pas le chemin inverse, choisissant un autre parcours pour rentrer à son palais du Pardo : ainsi, il descendait l'avenue qui portait son nom, mais ne la remontait jamais.

Au moment de son passage, je me rappelle avoir essayé (j'avais moins de dix ans) d'apercevoir quelqu'un, quelque chose, à l'intérieur de l'habitacle. Mais c'était impossible, la vitesse était trop grande, les sièges trop reculés, les vitres trop teintées. Je n'ai jamais vu personne, dans la voiture de Franco… Mais la mise en scène, le décorum étaient là, invariables, gelés. C'était une Espagne de pierre, figée dans le temps, assez impressionnante pour un enfant. La distance entre les gens, entre les lieux, entre les choses était bien plus grande qu'aujourd'hui… Il fallait deviner, imaginer. Il fallait, pour atteindre quelque chose, accomplir un parcours physique ou mental. Il ne suffisait pas de cliquer sur une touche, ou de poser un doigt sur un écran. Il ne suffisait pas de montrer du doigt, comme un enfant ou un roi. Il fallait marcher, s'orienter, emprunter des chemins…

Justo appartient à ce monde-là. À cet arrière-temps. Né en 1925, sous le règne d'Alphonse XIII, il aura connu tous les emballements, les coups de théâtre et les engourdissements de l'histoire espagnole moderne.

Passons-les en revue, rapidement : la dictature de Miguel Primo de Rivera (dont le fils, José Antonio, fondera la Phalange), suivie en 1931 de la Seconde République, d'abord gouvernée par une large coalition, puis par la gauche (issue de la victoire du Front populaire, en 1936, avec à sa tête Manuel Azaña). Ensuite, les trois années de guerre civile, le régime franquiste dans ses différentes phases, d'abord autarcique, arc-bouté sur lui-même, puis davantage tourné vers l'extérieur, jusqu'à la mort de Franco en 1975. L'étape de la « Transition démocratique », pilotée par le roi Juan Carlos et son chef du gouvernement Adolfo Suárez, le long règne du socialiste Felipe González (contemporain de la fameuse Movida madrilène, nous y reviendrons), auquel succède une période plus désenchantée, au tempo moins enlevé, minée par les « affaires » et par le doute, qui est celle que nous connaissons aujourd'hui.

Le moins que l'on puisse dire, s'agissant de Justo, c'est qu'il a magnifiquement traversé tout cela, s'est accommodé de tout. À quatre-vingt-dix ans, il se porte comme un charme. Il n'aime guère le monde, mais le monde ne l'atteint pas. Le monde n'a pas le bras assez long. La cathédrale le protège, comme une gigantesque carapace. Ce qu'il n'aime pas glisse sur elle. Il vit, au propre comme au figuré, à l'intérieur de son œuvre (depuis la mort de sa sœur, qui l'hébergeait, il s'est aménagé un petit appartement à gauche de l'autel, dans la future sacristie).

Il ne supporte pas la télévision, qu'il juge absolument frivole, habitée par le diable : il lui suffit de ne pas en avoir. Les reportages qu'on a réalisés sur son personnage, dit-il, ne l'intéressent pas. La plupart, il ne les a même pas regardés. Il se plaint de la pingrerie des journalistes, qui le sollicitent, veulent l'interviewer, lui demandent de poser devant son œuvre, de grimper sur des échafaudages, de se promener, comme un funambule, sur les arcs de sa coupole, à trente-cinq mètres au-dessus du sol, et partent sans lui laisser un sou. Désormais, la seule chose qu'il réclame, qu'il espère soutirer au monde, c'est de l'argent. Des billets glissés dans une urne bleue, fabriquée par ses soins, des chèques, des virements versés sur le numéro de compte en banque qu'il a inscrit au feutre noir sur un panneau installé au milieu de la nef. De l'argent, toujours de l'argent, afin de poursuivre la construction, pour que ça ne s'arrête pas… Pour acheter les matériaux qu'on ne lui offre pas, ou qu'il n'est pas en mesure de récupérer. Pour qu'il y ait, encore, des journées consacrées au travail, des journées allègres et rudes, englouties par le labeur. Il l'affirme, le crie, l'exige sans la moindre vergogne : « De l'argent ! Un point c'est tout. Le reste, je m'en occupe… »

N'est-ce pas ce que tout artiste devrait dire : « Donnez-moi de l'argent, et fichez-moi la paix. Si vous n'êtes bons qu'à payer, alors, payez… » ? Quel mépris, lui rétorquerait-on. Quelle absence de sollicitude, à l'égard du public… En somme, les braves citoyens ne seraient bons qu'à payer… Les médias, les associations, les sponsors répètent, au contraire, que l'artiste se doit d'être engagé, de participer par l'entremise de son œuvre aux enjeux du moment, aux combats pour l'écologie ou pour la paix… Qu'il lui faut contribuer à la prise de conscience sociale, aux progrès de la lutte contre les discriminations, à l'accouchement d'un monde meilleur. Un artiste, estiment certains, doit savoir s'exprimer publiquement. Il doit savoir, le cas échéant, faire des discours. Il conviendrait, peut-être même, que son œuvre soit un discours…

En somme, il faudrait que ça parle : qu'il parle, lui, ou que son œuvre parle… Le monde a soif de paroles. Mais Justo ne s'exprime guère. Sauf pour se plaindre : qu'on ne lui donne pas assez d'argent, que la mairie lui réclame des impôts locaux et ne lui offre rien en contrepartie, qu'elle néglige d'installer des panneaux indicateurs pour faciliter l'accès des visiteurs à la cathédrale, qu'elle ne fait pas même nettoyer son grand escalier extérieur (sur lequel les jeunes gens du quartier viennent, les soirs d'été, boire de l'alcool au goulot et fumer des pétards – on appelle cela un *botellón*).

En 2005, un événement insolite s'est produit : il a participé à une publicité télévisée pour une marque de boissons énergisantes, appartenant à Coca-Cola. La boisson s'appelait, et s'appelle encore, Aquarius. Le spot prétendait célébrer la démarche d'un homme seul, dont l'effort modeste avait fini par porter ses fruits. Toutes sortes de sportifs – marcheurs, joggeurs, cyclistes, patineurs à roulettes… – convergeaient vers la cathédrale, d'où Justo leur jetait un regard vaguement complice, depuis la meurtrière d'une tour. Je crains, en vérité, que ces figurants d'un jour, sans doute recrutés par annonce, n'aient été fort méprisés par notre bâtisseur, contraint de se prêter au jeu pour quarante mille euros, et qui regrette, aujourd'hui, de ne pas en avoir réclamé davantage. « Ils ont gagné beaucoup d'argent, se plaint-il, et moi ils ne m'ont donné que six millions de *pesetas* ! »

Le slogan de la pub était : « L'être humain est imprévisible. » Je ne crois pas qu'il s'applique à notre personnage. Car Justo n'est guère représentatif de ce qu'on appelle « l'être humain ». Il est Justo, un point c'est tout. S'il appartient à l'humanité, c'est plutôt malgré lui, à son corps défendant. Quant à l'imprévisibilité, parlons-en… D'un certain point de vue, au contraire, il est extrêmement prévisible : en 1961, il a décidé de construire une cathédrale et, depuis, il n'a rien fait d'autre. *Il n'a fait que cela.* Il est au travail tous les jours, fignolant, ciselant, grattant, quelque part à l'intérieur de son immense chantier, dans le ventre ou les poumons de son œuvre. Depuis deux ans, il dort même sur place. Quiconque a besoin de lui sait où le trouver. C'est une vie sédentaire, presque immobile, rares sont les occasions où il s'aventure dans Mejorada (c'est son fidèle Angel qui fait les courses, poste le courrier). Pas de vacances, pas de voyages, pas de sport, cela va sans dire… Il est l'inverse d'un agité contemporain, de ces individus qui se déplacent sans cesse et, en fin de compte, ne font rien.

On l'aura senti : en dépit de ce bref passage dans le monde de la communication, qui se nourrit de valeurs positives et, au besoin, les invente, Justo n'est pas à proprement parler un personnage aimable.

Il faut prendre garde à la manière dont on l'aborde, car il peut se montrer revêche. Quand mon amie Consuelo, qui m'accompagnait lors d'une de mes visites, s'est adressée à lui en lançant, avec un grand sourire : « La vie est passionnante ! » il a répliqué sèchement : « Quand le diable ne s'en mêle pas ! » Et il a repris son travail.

Diable : voilà un mot qu'on entend rarement prononcer, de nos jours… Mais il ne s'agit pas, chez lui, d'un penchant pour l'obscur et le malin. Dans son esprit, le diable est un paramètre avec lequel il faut compter, ni plus ni moins. Une donnée de l'existence, comme la grêle ou la foudre, qu'il suffit de garder à bonne distance…

Pour autant, il ne refuse pas la conversation et, le plus souvent, répond aux sollicitations (il est plus difficile de s'entretenir avec lui quand Angel et sa nièce sont dans les parages). Mais ses réponses ne sont guère complaisantes. Quand j'ai glissé que je comptais écrire un livre à son sujet, il m'a regardé droit dans les yeux.

« Mais, dis-moi, qui t'a donné la permission ?

— Justement, ai-je répondu, je venais vous la demander.

— Bon, d'accord… Mais après ma mort… »

Et il a souri.

La mort, semble-t-il, ne l'inquiète pas. C'est, comme le diable, un paramètre dont il tient compte, mais rien de plus.

« Je ne suis pas intéressant, ajoute-t-il. Il ne faut pas s'occuper de moi. »

Et il insiste :

« Tout ce que je fais, c'est pour Dieu. Je suis exclusivement motivé par la foi. »

Voilà, de nos jours, un programme assez rude…

Et l'homme ? serait-on tenté d'observer… Et ton prochain, Justo, t'en soucies-tu ? Les privations que l'homme endure, y songes-tu ? Les enfants qui, quelque part, à l'instant où nous parlons, meurent de faim ? Les guerres, les conflits religieux, ethniques qui perdurent, qu'on se transmet de génération en génération, comme une vieille commode… Toute cette souffrance qui, partout, nous appelle, réclame notre attention. Les victimes, les miséreux, les discriminés qui frappent à la porte, veulent avoir droit de cité…

On sent bien qu'il n'en a cure, Justo. Ce n'est pas l'être humain qu'il habille. Ce n'est pas l'Homme qu'il entend parer, auquel il réserve les plus beaux atours. C'est Dieu. Sa cathédrale est un manteau qu'il tisse, un habit de lumière qu'il façonne depuis cinquante-cinq ans, pour le Seigneur. L'être humain, Justo aurait plutôt tendance à le déshabiller. Il le trouve bien trop vêtu, bien trop paré, bien trop chatoyant. Il projette de le dépouiller. « Il faut, dit-il, revenir à plus d'austérité. La pauvreté est un trésor que nous avons perdu. » En somme, il faudrait se réjouir, presque, qu'il y ait encore des pauvres... Et les encourager à le rester.

« Le monde est trop frivole. Comme disait sainte Thérèse, le salut est dans la fuite. »

Il prône l'inconfort. « Le monde n'est plus capable d'inconfort. » Justo réclame, pour l'humanité, davantage de froid l'hiver, de chaleur l'été. Il demande que les corps subissent et souffrent. Il exige des charges plus lourdes, des risques plus grands, des précipices plus profonds. Quand on pense aux tonnes de matériaux qu'il a transportées sur ses épaules, ou sur de simples brouettes... Aux milliers de briques, aux sacs de ciment qu'il a soulevés, élevés jusqu'à des hauteurs vertigineuses, en usant de poulies bricolées avec des roues de bicyclette, récupérées dans des décharges !

Pour l'instant, c'est lui qui gagne la partie. Il a quatre-vingt-dix ans et toute sa tête. La cathédrale se dresse, fièrement, sur son promontoire. On accourt, des cinq continents, pour la filmer. On la visite. On est surpris. On s'extasie. On parle de miracle. Le week-end, des cars de touristes, venus de Madrid, stationnent sur l'avenue, au pied du grand escalier jaune… On n'en revient pas. On est conquis. Les mots de courage, d'espoir, d'exemple, sont prononcés.

Le grand Norman Foster lui-même, star de l'architecture mondiale, grand bâtisseur de tours de bureaux et de salles de concerts (à la tête de l'énorme cabinet d'Hester Road, à Londres, bruissant de projets et de millions), est venu visiter. Il est entré, il a levé les yeux. Il est resté près de deux heures… Il a dit : « C'est la chose la plus extraordinaire que j'aie jamais vue. »

Mais un jour, peut-être, le monde se vengera. Un spectre hante la cathédrale, plane au-dessus de la coupole, fait dresser le bec des cigognes qui ont établi leurs nids sur les tours latérales. Il porte un nom de sept lettres, qu'on ose à peine prononcer : *DERRIBO*. Démolition. Le mot s'efface, réapparaît. On peut le lire, de temps à autre, dans des articles de presse. Un mot de fer et de cendres. Qui ne lâche pas prise, lui non plus. *Deleatur*.

La cathédrale, en effet, n'est pas seulement un défi lancé à son époque, à la raison, aux mœurs. Elle est aussi, rappellent certains, un danger public. Et une construction illégale. Justo, on l'aurait parié, n'a jamais demandé de permis de construire. Il n'était pas architecte, pas promoteur, même pas maçon. Il n'était rien. Il était un type qui creuse un trou. Que cherche-t-il, se demandaient parfois ceux qui l'apercevaient. Du pétrole ? Des pièces d'or ? Le trésor des chevaliers de l'ordre de Calatrava ?

Peut-être creusait-il sa propre tombe…

Ils ne croyaient pas si bien dire, les cathédrales sont aussi des cimetières, rois et martyrs reposent sous leurs voûtes. Ou bien, il voulait rejoindre le centre de la terre, qui est un soleil enfoui… On le croyait fou. On se moquait. Les enfants riaient, l'observaient. Ils lançaient des pierres dans le trou, comme s'ils voulaient le reboucher. Ils les lançaient de toutes leurs forces, en prenant de l'élan, des pierres qui montaient dans le ciel et retombaient presque à la verticale. Un jour, l'une d'elles a frappé Justo sur le coin de la tête, a failli l'assommer. Ça saignait un peu, il a pris dans sa veste un vieux mouchoir et l'a serré autour de son front. Puis, il a continué à travailler. Ce que les enfants souhaitent le plus au monde, c'est de boucher des trous… Les enfants passent leur temps à chercher des trous béants, de toutes formes et dimensions, pour les boucher…

Souvent, aussi, on l'oubliait… Il était chez lui, après tout. Le terrain appartenait à sa famille. Il ne dérangeait personne. Les semaines, les mois passaient… On ne le voyait plus. Il avait disparu, sous terre. L'hiver, il ne sortait qu'à la nuit tombée. Il remontait sur ses joues maigres le col de sa canadienne, achetée aux puces. Il rejoignait la maison de sa mère, sans se faire remarquer. C'est elle qui l'hébergeait, à cette époque-là, qui lui préparait son casse-croûte du déjeuner. Elle l'avait sauvé, une première fois, lorsqu'elle l'avait accueilli, malade de la tuberculose, peut-être contagieux. Le monastère ne voulait plus de lui. D'abord parce qu'il était malade, mais aussi parce qu'il parlait trop. Il avait des idées bizarres. On ne comprenait pas toujours ce qu'il disait. Les règles, les horaires ne lui convenaient pas. Il se levait très tôt, encore plus tôt que les autres. Il voulait prier seul, à l'écart. Le soir, il lisait dans son lit, sous les draps, après l'extinction des feux. Cela s'était su. On lui avait confisqué sa lampe de poche, à laquelle il tenait tant (chaque fois, c'était toute une histoire pour se procurer des piles, il demandait à sa mère de lui en envoyer, dissimulées dans un colis). Il avait protesté. Un simple novice, protester ! Le supérieur n'avait rien voulu savoir, la lampe de poche était restée dans son armoire. Elle y est peut-être encore…

Le trou avait grandi, lentement. Au début, on ne s'en était pas bien rendu compte. Personne ne s'était inquiété. Un homme seul, comme lui, un pauvre bougre, un fils de paysan ne peut rien. Il est impuissant par nature. S'il lui plaisait de soulever de la terre… Il ne faisait pas de bruit. Ce devait être une bêtise, une lubie. Ça s'arrêterait bien vite (on parie souvent sur l'épuisement des individus, mais il faut savoir qu'il en existe quelques-uns, très rares, qui ne se fatiguent jamais).

Tout de même, quelqu'un était allé regarder, un soir. On n'y voyait goutte, il avait failli tomber dedans. C'est grand, avait-il rapporté. Et profond, aussi. Ce Justo était vraiment fou. Il reproduisait le trou qu'il avait dans la tête. Enfin, tant que ça ne dépassait pas les limites de son champ… Et s'il faisait un tunnel ? avait suggéré quelqu'un. Un tunnel ? Pour quoi faire ? Pour aller où ? N'empêche, un trou sans raison, un trou pour rien, c'est toujours un peu inquiétant. Il ne faut pas chatouiller le diable. On ne joue pas impunément avec le vide… Le vide, ça doit être surveillé, mesuré. Il faut l'habiller, le contenir…

On l'avait aperçu poussant une brouette. À l'aube, avant le lever du soleil. D'où venait-il ? Pas du village, en tout cas. Il y avait, dans la brouette, des sacs empilés. Des sacs de plâtre, peut-être, ou de ciment. Il venait plutôt de la route, celle qui rejoint Alcalá de Henares, la mauvaise route qui disparaît derrière la colline. Qu'est-ce qu'il y a, là-bas, sur le plateau ? Pas grand-chose. Des champs de blé peignés par le vent. Une bâtisse en ruines, à cinq kilomètres, sur laquelle quelqu'un a écrit *Mano negra no se rinde* (« La Main noire ne se rend pas »). Un élevage de cochons, plus loin. On ne les voit pas mais, l'été, l'odeur parvient jusqu'à la route.

Il y a la briqueterie, avait dit quelqu'un. Oui, c'est vrai. Mais c'est loin… Ils ont du ciment. Ils n'en fabriquent pas mais ils en ont, quand on passe on voit des sacs empilés près de l'entrée. C'est là qu'il est allé, sûrement. Ça fait une trotte, à pied. Il a dû partir au milieu de la nuit. Ou bien il a couché là-bas, sous un auvent… Non, il fait trop froid, c'est impossible. Alors, il est parti à trois heures du matin, il faut plus d'une heure de marche pour arriver là-bas. Une heure de marche, oui. Au moins.

C'est comme ça qu'il a commencé. Sans plan et, bien entendu, sans autorisation. Sans permis de construire. Il n'y avait pas de temps à perdre. Il fallait s'y mettre, un point c'est tout. Il avait une cathédrale à construire… Il fallait s'atteler à la tâche, et persévérer. Marcher, jour après jour. Marcher sans se retourner.

Andrés Cánovas, professeur à l'École supérieure d'architecture de Madrid et lauréat du Prix national de restauration, est formel : la cathédrale de Justo est « d'une simplicité qui défie les lois de la construction. En outre, elle enfreint toutes les normes de sécurité actuellement en vigueur. À commencer par le port du casque. Un jour, quelqu'un va se tuer ».

Voilà qui est assez clair.

D'autres sont du même avis, bien qu'ils soient plus mesurés. C'est le cas, notamment, de l'Église. Le souhait de Justo, c'est d'offrir la cathédrale au diocèse d'Alcalá de Henares. Mais celui-ci se montre frileux. Il biaise, gagne du temps… Pour tout dire, il n'en est pas sérieusement question. Il faudrait, pour mettre le bâtiment aux normes et le sécuriser, engloutir des sommes faramineuses. On a évoqué le chiffre de deux cents millions d'euros. Un immeuble d'une telle ampleur… Six mille mètres carrés… Il faudrait sonder les murs, les planchers, les fondations, tout consolider.

Le vicaire et conseiller légal Florentino Rueda admet que la cathédrale est « admirable ». Mais elle est aussi hors la loi, souligne-t-il, et hautement problématique. Quel architecte diplômé se risquerait à mettre son nom au bas d'un document officiel, qui le rendrait responsable en cas d'accident ?

La mairie se montre tout aussi ambiguë. La cathédrale est, aujourd'hui, le bâtiment le plus célèbre de Mejorada. Elle attire les touristes, fait tourner le petit commerce, les restaurants. Le maire est d'avis que le ministère de la Culture devrait la prendre sous son aile, l'inclure dans son patrimoine. Il encourage une association locale, *Mejoreños en acción*, à militer dans ce sens. En attendant, celle-ci a proposé à la mairie de donner le nom de Justo à une rue de la ville, ou à un parc. Le conseil municipal n'a pas dit non…

« En aucun cas, ajoute Andrés Cánovas, je n'y emmènerais mes enfants passer l'après-midi. »

C'est pourtant ce qui arrive, surtout le week-end. Les gens viennent à plusieurs, en famille. Il y a des personnes âgées (rarement plus âgées, toutefois, que le maître des lieux, mais la barre est assez haute). On vient avec sa sœur, son frère. Avec ses enfants. Avec sa meilleure amie. On vient pour partager. Pour être surpris. On vient pour se sentir plus proches les uns des autres. On arrive, on regarde. On se méfie un peu. Mais on franchit le seuil… Les portes sont grandes ouvertes. Il n'y a pas de ticket d'entrée. Pas de règlement. Pas de surveillants. Pas de guides…

N'est-ce pas cela, le premier étonnement ?

Cette facilité avec laquelle on entre…

Lors de ma première visite, j'étais inquiet. Quels étaient les horaires, précisément ? Y avait-il des jours de fermeture ? J'avais cherché à me renseigner sur Internet, mais les informations étaient vagues. Allais-je être en mesure d'entrer, de visiter les lieux ? Je verrais sur place. Au pire, je me contenterais de faire un tour, d'apprécier le bâtiment depuis la rue, de m'imprégner de l'atmosphère.

Tout de même, il s'agissait d'un bâtiment privé, n'appartenant ni à l'archevêché, ni à l'État, ni à la commune de Mejorada, ni à une fondation d'entreprise, ne devant rien à personne, libre d'obligations et de servitudes... L'arbitraire, sans doute, régnait sur tout cela. Fallait-il montrer patte blanche en arrivant ? Aller quérir un assistant du maître ?

Depuis quelques années, ils sont deux ou trois à lui venir en aide, surtout Angel, un homme d'environ cinquante ans, qui a travaillé, un temps, dans une entreprise d'explosifs, aussi replet que Justo est sec et émacié, et qui s'est promis, un jour, de prendre la relève. Allais-je devoir me présenter, exposer mes motivations ?

J'étais avec un ami, mon plus vieil ami madrilène...

J'ai connu José Manuel le premier jour de classe de 8e. Nous avions neuf ans. C'était au Cours La Fontaine, l'une des petites écoles françaises de Madrid ouvertes aux expatriés et à quelques Espagnols « modernes », un peu cosmopolites, qui prisaient l'enseignement français.

Je me souviens de notre première conversation, dans la cour de récréation. Il semblait assez réfléchi, retenu, posé. Un peu trop adulte (à son corps défendant). Pas vraiment adapté. Un bon départ pour une amitié...

Le ciel était d'un bleu intense, très pur, un vrai ciel de Madrid, je m'en souviens... D'ailleurs, Madrid et le ciel sont censés faire bon ménage. *De Madrid al cielo* (« de Madrid au ciel ») était, autrefois, une expression répandue, d'origine incertaine, mais qui laissait entendre que la ville (située à sept cents mètres d'altitude, dans un environnement très sec) pouvait être un marchepied vers le ciel, une sorte d'étage intermédiaire...

Quarante ans après cette rencontre, nous étions dans sa voiture, en route pour Mejorada. Justo nous réunissait, le temps d'un après-midi... C'est le propre des solitaires, et des artistes, de réunir les gens. Un homme s'isole, se met en retrait, suit une route singulière et, ce faisant, il crée un appel d'air, il creuse un trou dans la surface du quotidien et cela a pour effet de rassembler, de provoquer des retrouvailles, d'entrecroiser des histoires...

Nous avons garé la voiture dans une rue en pente, puis nous avons marché vers l'avenue qui longe la cathédrale. Je l'avais entrevue, rapidement, entre deux immeubles, en roulant dans une rue parallèle. Maintenant, je m'apprêtais à la découvrir en entier. Comment se tenait-elle, en vrai ? S'agissait-il d'une authentique cathédrale, majestueuse, altière, telle qu'on peut l'imaginer ? Le terme n'était-il pas usurpé ?

J'ai vu la façade, au bout de la rue. Elle m'est apparue haute, massive, déployée. L'ai-je trouvée belle ? Je ne saurais le dire. En tout cas, je ne l'ai pas trouvée laide. Elle m'a fait l'effet d'une montagne. D'une grande masse rouge. Anormale. Incongrue. Une sorte d'île fantastique, d'île au trésor, invraisemblable, surgie au milieu de la mer.

Il faut être en Espagne, ai-je pensé subrepticement, pour contempler de telles choses…

Et puis, j'ai vu les cigognes.

La cathédrale de Justo compte huit tours latérales, quatre de chaque côté. Elles sont inachevées, cela va de soi. Eh bien, chacune de ces huit tours portait un nid. Et les cigognes étaient là, de face ou de profil, juchées sur leurs longues pattes. Une ou deux par nid. Dix, quinze cigognes ! Je n'en croyais pas mes yeux. Un instant, je me suis demandé s'il s'agissait de faux, d'oiseaux décoratifs en paille et en bois. J'en ai fixé une, j'ai attendu. Elle n'a pas bougé. Voilà, j'ai pensé, c'était trop beau. Et puis, j'ai vu le bec se déplacer de droite à gauche. Merveille. De vraies cigognes !

Un aéroport de cigognes, voilà ce que je me suis dit. S'étaient-elles donné le mot, avant d'atterrir là ? Avaient-elles accompli le même chemin, suivi la même route dans le ciel ? Étaient-elles camarades de migration ? Des questions qui resteraient sans réponse, sûrement... Mais l'important, c'est qu'elles étaient là. La vue d'animaux sauvages, en particulier s'ils sont de grande taille, donne à la réalité un tour différent, qu'il conviendrait d'analyser. Il suffit qu'un animal sauvage paraisse et, soudain, le monde n'est plus le même monde. Il gagne en profondeur, en perspective. C'est comme s'il passait, subitement, de la deuxième à la troisième dimension. Comme si la réalité, soudain, prenait corps. Se voyait pousser des ailes...

Il y avait des cigognes. Ça commençait bien.

Lors d'une autre visite, quand j'interrogerai Justo à leur sujet, il répondra : « *¡ Las he traído yo !* » (« C'est moi qui les ai fait venir ! ») J'apprendrai, par la bouche du marchand de légumes qui a pour coutume d'installer son petit étal de l'autre côté de la rue, qu'elles ont été, en effet, encouragées à s'établir là par le maître des lieux, qui a disposé sur les tours quelques menues branches ramassées aux alentours, agrémentées d'un peu de foin. Embryons de nids qu'elles ont rapidement complétés et adoptés.

Le marchand de légumes s'appelle Ramón Flores. Il déplie une table et la cale contre un mur, en plein soleil, vraisemblablement sans autorisation, afin d'accrocher quelques touristes ou visiteurs de la cathédrale, auxquels il vend ses tomates et piments du potager, récoltés à Mejorada par ses soins, à ce qu'il prétend. Les visiteurs en achètent quelques-uns, les emportent comme s'il s'agissait de souvenirs. Ce faisant, il parle volontiers. Il a tout son temps.

Voici une anecdote qu'il aime raconter… Nous sommes en 1961, au milieu de l'été. Il fait à Mejorada une chaleur intense, plus de quarante degrés, mais un homme se promène à découvert, nu-tête, à peu près là où nous nous trouvons. C'est à la périphérie du village, il n'y a pas encore de chaussée goudronnée, pas encore d'immeubles, seulement quelques maisons dispersées. Mejorada est une commune pauvre, délaissée, négligée par les services de l'État. Elle compte même une petite population troglodyte, établie dans des grottes, comme il en existait autrefois dans certaines régions d'Espagne. Au milieu de la journée il fait une chaleur implacable, dangereuse, et pourtant, si l'on jette un coup d'œil à l'extérieur, on peut apercevoir un homme qui marche, arpente un champ, s'arrête de temps à autre et semble réfléchir.

Il a les épaules et le torse enroulés dans une épaisse cape en feutre gris, une cape de militaire ou de garde civil. Sa silhouette menue se découpe contre le bleu du ciel. Depuis le portail d'une maison, une femme le reconnaît. C'est Justo Gallego, qui a passé plusieurs années dans un monastère, du côté de Soria. Elle l'a aperçu une ou deux fois, bien qu'il se montre rarement. Il se remet d'une tuberculose, qu'il a contractée là-bas et qui a failli l'emporter. Sa mère et sa sœur lui prodiguent des soins. Elles ont réussi à se procurer des médicaments, qu'elles font venir de Madrid et qui semblent efficaces.

Il va mieux, depuis quelque temps, à ce qu'on dit.

Intriguée, la femme sort de sa maison, s'avance un peu. Elle le salue, lui demande ce qu'il fait. Justo s'arrête. Il la considère, salue à son tour. Il est maigre, un peu voûté, mais il semble d'assez bonne humeur. Ses yeux brillent, il a sûrement un peu de fièvre. Sa main gauche tient fermement le bord de la cape, la serre contre lui. « C'est pour la cathédrale », dit-il. La femme fronce le sourcil. Elle n'est pas sûre d'avoir compris. La cathédrale ? « Oui, répète-t-il, la cathédrale. Je vais commencer les travaux. Après l'été, en octobre. » Et il fait un geste de la tête, en soulevant un peu le menton, pour indiquer le champ derrière lui. « Ah », fait-elle. Elle ne sait quoi répondre. Elle se dit qu'il vaudrait mieux, peut-être, ne pas poursuivre la conversation. On ne sait jamais. Elle a entendu dire qu'il est un peu fou. Sa mère ne devrait pas le laisser sortir comme ça, tout seul, en plein soleil. « Au revoir », lui lance-t-elle avant de se réfugier chez elle. « Au revoir », répond Justo sur un ton enjoué. Il semble à son affaire, satisfait et concentré. Il n'a pas l'air déçu de la voir mettre fin si vite à leur échange. On sent qu'il aime parler mais, aussi, que la solitude ne lui pèse d'aucune façon.

Il revient vers le champ, qu'il continue d'arpenter. Il regarde, il compte, il mesure. Sans équerre, sans planter de jalons. Un observateur doté d'une bonne vue pourrait apercevoir ses lèvres qui remuent. Il se parle, mais ne prend pas de notes. Il n'en prend jamais. Tout se passe dans sa tête. Il a toujours eu une excellente mémoire. Souvent, on lui en a fait compliment… Il relève, enregistre, observe, à tout moment de la journée. Tout s'inscrit dans sa tête. La question de l'ordre ou du désordre n'a jamais été un problème pour lui. Il a, dans sa tête, une infinité de tiroirs, d'étagères, de classeurs. Il peut se permettre de garder, d'accumuler.

Sa mémoire contient des pages entières de livres… Des pages de la Bible qu'il lit chaque jour, depuis son plus jeune âge, depuis qu'il a appris à lire, et dont il connaît de longs passages par cœur. Mais aussi des pages de livres qu'il a consultés dans des bibliothèques ou achetés pour trois sous, lors de séjours à Saragosse ou à Madrid, à des libraires ambulants, des bouquinistes du marché aux puces du Rastro… Don Quichotte lisait avec passion les ouvrages consacrés à l'ancienne chevalerie. Justo, lui, dévore les livres qui décrivent châteaux et cathédrales… Il est particulièrement friand de détails techniques, notamment ceux qui concernent les fondations, l'édification et la résistance des murs porteurs, autant d'informations qui ne sont pas faciles à dénicher. *Comment construire soi-même son château fort*, voilà le genre d'ouvrage que les éditeurs n'ont pas l'habitude, hélas, de mettre à leur catalogue. Tout de même, il finit par s'instruire, par recouper les informations, par apprendre beaucoup de choses. Jour après jour, il progresse. Il met un pied devant l'autre, il avance. Seul, dans sa tête…

Au monastère, il impressionnait les autres novices par sa faculté à connaître les psaumes, à savoir par cœur les prières, à retenir le numéro de la page où se trouvait tel passage. Il ne s'en cachait pas, prenait même un malin plaisir à se faire remarquer. Certains de ses camarades le jalousaient, qui ne lui sont guère venus en aide quand la maladie s'est assise sur son épaule, y a planté ses griffes avant de picorer ses poumons.

Il lit encore, à quatre-vingt-dix ans. Autant qu'il lisait autrefois, dit-il, avec la même envie. Rien n'a changé. L'Ancien et le Nouveau Testament, bien entendu, mais aussi les grands mystiques espagnols du XVIe siècle, sainte Thérèse d'Avila, saint Jean de la Croix. Ou, moins connue que ses prédécesseurs, María de Jesús de Ágreda. Celle-ci, semble-t-il, lui tient particulièrement à cœur. J'ai envie d'en savoir plus.

María Coronel est née en 1602, à Ágreda, dans la région de Soria. À vingt et un ans elle intègre, en compagnie de sa mère, l'ordre de l'Immaculée Conception. Elle ne quittera jamais sa ville natale, y sera enterrée en 1665 dans le monastère qu'elle a elle-même fondé. Son œuvre principale est *La Cité mystique de Dieu*, consacrée à l'histoire de la Vierge (la Vierge, ici, *est* la cité mystique). Elle l'écrit deux fois. D'abord dans sa jeunesse, avec de grandes difficultés, dévorée par la tentation et le doute. Mais son confesseur de l'époque la lui fait détruire. Elle la réécrit des années plus tard, toujours dans de grandes souffrances, mais avec davantage de références à l'histoire religieuse. Toute sa vie, elle a été la proie de violents tourments intérieurs, a connu divers épisodes extatiques – lévitations, bilocations…

Elle a eu, aussi, ses détracteurs. Bossuet l'a vivement critiquée, traitant le livre de suspect, le disant truffé de contes apocryphes donnés comme divins, *avec une affirmation et une témérité étonnantes*. Longuement questionnée par l'Inquisition, subissant des interrogatoires quotidiens de six heures d'affilée, pendant plusieurs semaines, María de Ágreda a vu, finalement, sa démarche validée. En revanche, sa béatification par le Vatican a plusieurs fois été reportée. Il semble qu'il y ait toujours eu un soupçon, une résistance des autorités…

Un détail attire mon attention. J'ai lu qu'elle serait enterrée *intacte*…

Qu'entend-on par là ? Je me renseigne. Il apparaît que les dépouilles d'un certain nombre de saints ou de vénérables de l'Église, généralement conservées à l'intérieur de lieux de culte, sont réputées « intactes » ou « incorruptibles »… Leur exhumation, des dizaines d'années après leur mort, parfois plusieurs siècles, ont révélé qu'elles n'avaient pas subi de processus de putréfaction, qu'elles étaient restées tantôt souples, tantôt desséchées, mais avaient gardé leur forme d'origine. Les visages, dans certains cas, seraient reconnaissables. Au moment de l'ouverture du sépulcre, quelques-unes ont répandu un doux parfum, embaumant l'église où elles se trouvaient…

Tandis que nous parlons, Justo, parfaitement présent à la conversation, exécute de menus gestes, verse un peu d'essence de térébenthine dans un bidon, ferme des bocaux, les range, essuie des pinceaux…

Il dit qu'il ne suffit pas de lire, qu'il faut ensuite ruminer, ne jamais cesser de ruminer, du matin au soir. *Rumiar*, souligne-t-il, comme les moutons (il me semble que Nietzsche, dans *Ainsi parlait Zarathoustra*, pensait à des vaches, mais nous sommes en Castille, aux confins de la Mancha…).

Je lui dis qu'aujourd'hui les gens ne lisent pas beaucoup. Il répond qu'ils lisent par curiosité.

« *¡Pero no vale!* Non, ça n'est pas valable, ça ne marche pas ! Il faut lire, lance-t-il, pour trouver la vérité. Il faut être en quête de vérité. Les gens oublient ce qu'ils lisent. Toute ma vie, j'ai cherché la vérité. Rien d'autre ne m'a jamais intéressé. Chercher la vérité ! »

Il rit... Il n'est jamais loin du rire, même lorsqu'il est parfaitement sérieux. Il est au bord du rire, à chaque phrase, comme on est au bord des larmes...

Je m'aperçois, à ce moment-là, qu'il n'a presque plus de dents. C'est ainsi : il n'a presque plus de dents, et il s'en porte à merveille... Il est comme ça, Justo : il construit une cathédrale, excusez du peu, quand d'autres se font faire des implants ! Tout de suite, j'ai pensé : je me réjouis qu'il n'ait plus de dents. Je lui en suis reconnaissant... Il n'est pas important d'avoir de belles dents... On ne doit pas s'en faire, pour ses propres dents. Ce qui compte, c'est la vérité.

À bâtons rompus, il parle de Moïse et des Israélites, des sauterelles et de la traversée du désert. Il cite la phrase de Dieu : *Je suis celui qui suis*. Il semble parfaitement à son aise, tranquille, guilleret... Content d'être là, à l'heure qu'il est, à l'endroit même où il se trouve...

Je me rends compte (cette conversation a lieu au cours de ma deuxième visite) que je commence à le prendre au sérieux. Je l'écoute et, mentalement, je note tout ce qu'il dit. Il faut que je conserve ses mots, pour le texte que je suis en train d'écrire, oui, mais pas seulement. Le sentiment que j'éprouve est plus fort que cela : il faut que je les garde pour moi. Il faut que ses mots entrent en moi. Il faut qu'ils y restent, intacts.

La vérité, a-t-il dit. Je lève les yeux. Nous y sommes. La cathédrale, altière et absurde, construite par un seul homme. L'œuvre d'une vie. Elle se dresse devant moi. Ce n'est pas un mirage. Elle se tient debout. Un chantier de plus de cinquante ans. Un chantier sans fin (et dont on peut souhaiter, secrètement, qu'il n'ait pas de fin).

Je philosophe un peu, après l'avoir quitté. Je me pose la question : qu'est-ce que la vérité ? Je réfléchis. Justo donne à penser, c'est l'une de ses principales qualités… Il fournit du matériel de pensée, de rumination. Mon regard dérive, je fixe les cyprès qui longent le bâtiment, j'aperçois la pointe de ceux qui se dressent dans le cloître. Les cyprès dont le bois, réputé imputrescible, sert à confectionner le cercueil des papes… Les cyprès rigoureux, exacts… Dans leur robe presque noire, qui se tiennent droits, qui pointent vers le ciel. Ici, tout signale le ciel. Il y a les cyprès, les deux tours frontales, inachevées, qui doivent culminer à soixante mètres, un défi architectural non dénué de risque (notamment pour les visiteurs qui emprunteront l'escalier en colimaçon), les huit tours latérales et, posées sur celles-ci, comme des vigies, les cigognes. Les cigognes qui regardent au loin, qu'on dirait nées pour indiquer la *direction*. La cathédrale est levée comme un doigt. Et ce doigt montre le ciel.

Tout, ici, invite à redresser la tête.

Mais le ciel n'est pas serein. Il est encombré. Lacéré d'avions… Des avions de ligne, répétitifs et appliqués, qui survolent la cathédrale, tout à leur procédure d'approche de l'aéroport de Barajas.

On dirait les aiguilles d'une montre, passant et repassant sans trêve.

Je me dis : tous ces avions, survolant l'œuvre d'un homme qui n'a jamais pris l'avion, qui n'a jamais voyagé ! Qui, à quatre-vingt-dix ans, n'est jamais sorti de son pays !

Des avions à l'approche de l'aéroport, semblables au 747 de la compagnie Avianca qui, le 27 novembre 1983, s'est écrasé à quelques centaines de mètres d'ici. Le vol 011, reliant Paris à Bogota, avec une escale à Madrid, qui a laissé onze survivants…

Un avion qui, soit dit en passant, transportait plusieurs intellectuels de renom, en route vers le Sommet de la culture hispano-américaine qui devait avoir lieu dans la capitale colombienne, parmi lesquels l'écrivain péruvien Manuel Scorza (né le 9 septembre 1928 à Lima, mort à Mejorada del Campo le 27 novembre 1983).

Cent quatre-vingt-douze passagers et membres d'équipage jetés là, dans un champ, près de la cathédrale en construction. Lancés comme des pierres, catapultés, dispersés par la Grande Centrifugeuse, la grande machine à circuler, à tourner, à voyager…

1983… De plus en plus, je m'intéresse aux dates. Je les interroge, les observe. Les dépoussière (assez vite, dans la vie, on devient le gardien de son propre musée…).

J'habitais Paris, déjà. Mais j'allais souvent à Madrid, rendre visite à mes parents. C'était l'essor de la Movida. Contrairement à ce que certains pensent, la Movida (qu'on pourrait traduire par « mouvement » ou, plus fidèlement, par « virée, plan, trip, déplacement ») avait quelque chose d'assez froid. Les films d'Almodóvar peuvent donner une fausse impression : ils tirent cette époque vers le kitsch, le pittoresque, l'exubérance un peu hystérique, doublée d'une revendication sociétale et politique. Mais, à bien des égards, la Movida était un phénomène urbain plutôt raide, décadent, apolitique, plus new-yorkais que méditerranéen, plus dandy que progressiste, plus punk et warholien que flamenco. On se réclamait des Smiths (concert mythique donné, en 1985, au Parque del Oeste) et des Ramones. Certains n'y ont pas survécu. Les drogues tuaient beaucoup, en ce temps-là, à Madrid. L'héroïne, surtout, que ses adeptes appelaient *caballo* (cheval). On mourait dans la blancheur et la froideur, au cœur d'un vieux pays sec. On mourait dans les montagnes, à Madrid. Dans les hauteurs…

La Movida était *sérieuse*. Il y avait, dans l'air, une gravité. La Movida n'était pas si loin de Justo. Ce n'était pas de la rigolade, du divertissement. Le divertissement est venu après. Le Spectacle est venu après. La Movida appartient davantage à l'époque d'avant qu'à l'époque d'après. Les événements historiques appartiennent davantage à l'époque qui les a précédés qu'à celle qu'ils ont amenée, à laquelle ils ont ouvert la porte… Celle qui, dès qu'ils ont eu le dos tourné, s'est empressée de les trahir…

Je m'assois sur une marche du grand escalier et je regarde les cyprès. J'entends, derrière moi, venant de la cathédrale, le bruit d'un marteau frappant le métal à un rythme assez lent, assez irrégulier. Un bruit de marteau qu'on dirait sorti d'un petit atelier ou d'une étable, un marteau solitaire, un peu désuet, un peu dérisoire à l'échelle d'un si grand chantier.

Un bruit qui ne rompt pas le silence mais, plutôt, le souligne…

Et, soudain, je me dis que j'ai peut-être trouvé. Qu'est-ce que la vérité ? Un mot me vient à l'esprit : *durer*. Tout ce qu'on sait de la vérité, c'est qu'elle tient le coup. Elle résiste. C'est une pierre réfractaire, jetée dans le bain du temps. Nul ne sait à l'avance ce que contient la vérité. Ce qu'il y a à l'intérieur. Nul ne détient la vérité. Mais le temps choisit. Le temps passe, fait sa ronde. Il trie, rejette, pulvérise. Toute entreprise, toute vie d'homme rejetée par le temps se dessèche, s'effrite et tombe dans l'oubli.

Le mensonge est ce qui ne tient pas. Les masques se détachent, s'envolent comme des feuilles mortes. Le mensonge n'est pas pire que la vérité. Pour tout dire, il est souvent meilleur, plus respectueux, plus attentionné, plus souriant. Mais il ne tient pas, face au temps. La vérité a moins de charme que le mensonge. Mais on la retrouve, reconnaissable, presque *intacte*, après chaque visite d'inspection du temps.

Justo n'a pas la télévision. Il a horreur de ça, dit-il.

Je le comprends. La télévision ne dure pas. Les images passent, se défont. D'où la grande frustration, souvent, des gens de télévision. Ce sentiment de confiance, d'importance, immédiat, fulgurant, et, très vite, cette descente, cette dépression, semblable à celle des alcooliques. J'ai vu cela avec mon père. Quand il a renoncé à sa carrière de photographe, il a travaillé pour la télévision, des reportages pour des émissions d'actualités, pour des journaux télévisés, qu'il filmait avec passion. Mais ça ne durait pas, ça ne restait pas. Je crois que ça le rendait malheureux. Cette impression de glisser, de passer sans laisser de traces...

En ce temps-là, il n'y avait pas de podcast. Il n'y avait pas de DVD, ni même de cassettes VHS. Se procurer un reportage réalisé pour la télévision, diffusé dans un autre pays (États-Unis, Grande-Bretagne, France, Japon...) n'était pas une mince affaire. Il devait se rendre dans les locaux de la chaîne pour laquelle il avait travaillé, réclamer une copie de l'émission, attendre qu'on veuille bien la lui remettre. Pourtant, c'était sa seule chance de conserver le reportage, d'éviter qu'il soit égaré, enfoui dans des archives, perdu. C'était le prix à payer... Il fallait qu'il paye le prix du renoncement. Il avait renoncé à la photographie, à la quête des visages et des lieux, des lumières et des silences, des équilibres secrets, au profit d'un travail de commande, qui lui avait assuré une vie plus confortable. Il avait renoncé à sa recherche. Au travail obscur, quotidien, patient, mal rémunéré. Il avait interrompu, définitivement, la construction de l'œuvre.

Son histoire résonne en moi au moment où je suis tenté, moi aussi, par le renoncement. Mais Justo s'avance, donne l'exemple. Il se tient droit, la tête haute, fidèle à lui-même. Il n'a pas renoncé. Il a accepté l'idée de l'œuvre, d'habiter l'œuvre. Une œuvre qui n'a pas de fin, à laquelle il revient sans cesse, chaque matin (dont l'unique fin possible – Proust nous l'a appris – sera la mort de l'artiste).

Il a choisi d'écrire avec des briques…

Il faut les avoir vues. Des briques courbées, déformées, impropres à la construction, invendables. Mal cuites, mal portées, mal nées. Des briques qui ne servaient à rien, sauf, dans le meilleur des cas, à fabriquer de la terre battue pour les courts de tennis, des briques en attente d'être pilées, mais qu'il sauvait, lui, de la broyeuse. Dont il disait : moi, je les veux bien. Qu'on lui laissait prendre, s'il en assurait le transport.

Au début, sa mère était allée voir le briquetier, l'avait même autorisé à prélever de la terre dans l'un des champs que lui avait laissés son mari, pourvu qu'il fournisse son fils.

Il faut avoir vu ces murs... Ces briques posées de travers, perpendiculairement au plan de pose, de sorte que leurs alvéoles sont orientées vers l'extérieur. Exhibant leurs trous, leurs viscères. Des briques difformes, quasimodesques, impudiques. Charnelles, aussi, si bien qu'on dirait, certains soirs, que la cathédrale s'apprête à se mettre en branle, qu'elle est parcourue, à la tombée de la nuit, d'ondulations, de frissons... Quand les derniers rayons du soleil viennent la chatouiller... Allongée sur le ventre, les reins chargés d'électricité, tel un sphinx castillan...

S'il me fallait conserver une photographie, une seule image de la cathédrale, ce serait le plan rapproché d'un mur de briques. Ces briques rouges qu'on trouve un peu partout en Espagne. Seigneuriales quand ce sont celles du Prado ou du palais d'Aranjuez, banales lorsqu'elles ont nourri le boom immobilier de la dernière décennie (on parle, pour qualifier la crise du bâtiment, de *crisis del ladrillo*, de la brique) et qui montrent, ici, un visage altéré, méconnaissable. Ces briques impossibles, tordues, si profondément *dérangées*…

Je suis assis sur une marche du grand escalier, je regarde le ciel et je pense à ma première école. La brique rouge, là encore. Et au premier immeuble où j'ai vécu. Le 78 de l'avenue du Généralissime, devenue la Castellana. En ce temps-là, les deux principales artères de Madrid portaient les noms des deux grands hommes du régime. La Gran Vía d'aujourd'hui s'appelait Avenida de José Antonio. Le nom de famille, Primo de Rivera, ne figurait pas sur les plaques. Une avenue baptisée d'un prénom, cela m'a toujours frappé. Il y avait un prénom d'un côté, et de l'autre un grade militaire (ils sont, désormais, enterrés l'un en face de l'autre, dans la nef du Valle de los Caídos).

J'ai réfléchi à ces curieux binômes qui rendent, peut-être, les dictatures inusables, aptes à se perpétuer dans le temps… J'ai trouvé deux exemples : l'Espagne et Cuba. Dans les deux cas, on rencontre ce partage des tâches : d'un côté, l'idéaliste, le sacrifié, José Antonio ou Che Guevara, et, de l'autre, l'administrateur, le taulier, Franco ou Castro. Il est dans l'ordre des choses que le premier meure jeune, assassiné, cerné d'une aura christique, en laissant les clés du pouvoir au second. Qui régnera sans partage et mourra, lui, dans son lit…

Une nuit, il est arrivé à Justo une mésaventure. C'était il y a plusieurs années, quelques jours après le tournage du fameux spot publicitaire pour une boisson énergisante. L'agence avait mobilisé une large équipe technique, des centaines de figurants. Les moyens déployés étaient considérables : on avait fait venir une grue, un hélicoptère, dressé une grande tente blanche en contrebas du parvis. Pendant deux jours, tout le quartier avait été en ébullition.

Puis, ce beau monde était reparti. Justo s'était remis au travail. Deux jours sans s'occuper de sa cathédrale, sans la faire avancer d'un pouce ! C'était au printemps, il faisait beau, pas trop froid. Cet après-midi-là, il avait décidé de travailler sur une coupole latérale. Il était monté lentement, sans se presser, avait escaladé une échelle, puis une autre, s'était installé à califourchon sur une planche, au sommet d'un petit échafaudage. Doucement, la nuit était venue. Il était là-haut, cherchant la meilleure technique, la meilleure façon de poser ses tuiles de métal découpé en forme de feuille. Depuis toujours, c'était ainsi : comme on ne lui avait rien appris, il fallait tout inventer ! Mais il prenait son temps, finissait par trouver la solution…

Il y avait eu un magnifique coucher de soleil au-dessus de Madrid, dont on distinguait la silhouette, à une vingtaine de kilomètres. Le crépuscule avait inspiré Justo : il était persuadé d'avoir découvert une façon de faire, un moyen astucieux de fixer les feuilles les unes aux autres. Content de sa trouvaille, il avait commencé à la mettre en œuvre. Il arriverait bien à descendre, même dans la pénombre… D'ailleurs, il avait pris sa lampe de poche, un vieux modèle rectangulaire, dont on pouvait varier l'inclinaison lorsqu'on la posait, similaire à celle qu'il utilisait autrefois, pour lire la nuit, dans le monastère de Soria. Il s'était accordé une dizaine de minutes supplémentaire avant de plier bagage. Tout de même, il avait remarqué que la pile commençait à faiblir, il ne faudrait pas trop tarder…

C'est lorsqu'il s'était levé que la planche avait glissé. Il devait l'emprunter pour avancer le long de la coupole, et se mettre à l'abri sur la partie centrale de l'échafaudage. Maintenant, elle était posée de guingois, à plus d'un mètre, hors d'atteinte. Quant à la lampe de poche, elle n'en avait plus pour longtemps. On n'y voyait à peu près rien. Il aurait fallu, pour passer de l'autre côté, marcher sur une barre de fer, sans lumière et sans appui solide, comme un funambule.

Comble de malchance, Angel, son fidèle assistant, était rentré chez lui de bonne heure, parce qu'il recevait à dîner des gens de sa famille. Ainsi, il était seul dans la cathédrale. Il comprit qu'il allait devoir passer la nuit à la belle étoile, perché au sommet de son œuvre. Heureusement, la brise était légère, et il avait emporté une veste. Une nuit, se dit-il, qu'est-ce que c'est ?

Il s'installa du mieux qu'il put. La marge de manœuvre était étroite. Il pouvait s'allonger sur le dos, en laissant pendre ses jambes dans le vide. Mais il savait qu'il valait mieux ne pas s'endormir, car un déplacement latéral, pendant le sommeil ou au réveil, pouvait lui être fatal. Il allait devoir veiller toute la nuit… Cette perspective ne lui fit pas peur. Il regretta seulement de ne pas disposer d'un livre, et d'une bonne pile neuve dans sa lampe de poche.

Pendant un moment, il pensa à sa situation, à l'absurdité de se trouver là, enfermé dans le ciel, prisonnier du vide, à l'insu des habitants de Mejorada. Il les apercevait, à quelques centaines de mètres, à travers les fenêtres illuminées des appartements qui bordaient l'avenue. Eux, en revanche, ne pouvaient pas le voir. Il n'aurait servi à rien de s'agiter. Mais, s'il avait eu l'espoir d'être repéré, leur aurait-il fait signe ? Ils étaient proches, et si lointains… Il les suivait, traversant le rectangle des fenêtres, se rendant du salon à la cuisine, de la salle à manger à la chambre, dans cette agitation qui précède le moment du repas et qui, pour beaucoup, donne tout son sens au mot *foyer*. Les téléviseurs mêlaient à la lumière chaude des ampoules une lumière plus froide, bleutée. Il y avait des enfants, dont on apercevait seulement le haut de la tête.

L'un après l'autre, tandis que l'heure avançait (il ne s'était pas ennuyé une seule seconde), les lumières des fenêtres s'éteignaient, les halos des téléviseurs disparaissaient. On se levait tôt à Mejorada, c'était devenu une cité dortoir, personne ne travaillait sur place. Personne, sauf lui. Les lumières des cuisines, remarqua-t-il, demeuraient plus longtemps allumées, s'enfonçaient plus avant dans la nuit que celles des salons.

Il se mit à penser à sa mère, morte il y avait déjà longtemps. Il avait toujours été son préféré. C'est à elle qu'il avait songé, lorsqu'il avait baptisé sa cathédrale Notre-Dame du Pilar (qui est aussi la patronne de l'Espagne). Elle avait été la seule, au début, à soutenir son projet. Elle l'avait encouragé, protégé, secouru. Porté... Comme la cathédrale le portait, ce soir.

Soudain, il sentit sa présence, si fort qu'il faillit se retourner pour vérifier si elle n'était pas là, derrière lui. Il n'aurait pas été surpris de la voir, debout, avec son visage aimant, le regardant comme elle le regardait autrefois, le matin, lorsqu'il partait pour l'école. Mais non, se dit-il. Elle était là, certes... Oui, elle était là. Mais c'était la cathédrale. C'était son œuvre. C'était sa quête, sa recherche... Elle le portait, ce soir-là, comme la Vierge du Pilar portait l'enfant, qui dans les sculptures et les gravures paraît si petit, juché au creux d'un bras, dans un rapport d'échelle disproportionné.

Alors, il lui vint une idée, qui, plus qu'une idée, était une envie. Une envie dont il perçut qu'elle avait quelque chose d'excessif, d'un peu sacrilège. Mais cela ne l'effraya pas. Il pensait qu'il n'était pas mauvais de taquiner Dieu. Qu'il fallait lui donner l'occasion, de temps à autre, de vous réprimander…

Il faisait nuit noire, désormais. Seules deux fenêtres, au milieu des centaines qui l'entouraient, étaient encore éclairées. Il se leva. Ce n'était pas une mince affaire de se lever, dans ces circonstances. Par bonheur, il avait gardé un excellent sens de l'équilibre, en dépit de ses quatre-vingts ans. L'espace pour poser ses pieds était étroit, pas un centimètre carré n'était de trop. Il se leva pourtant, en prenant son temps.

Maintenant qu'il était debout, il sentait davantage le vent. Il attendit quelques minutes. Malgré l'heure tardive (il ne portait pas de montre, mais il calculait qu'il pouvait être deux heures du matin), un halo lumineux semblait suspendu au-dessus de Madrid. L'éclairage des grandes avenues, se dit-il. De l'autre côté, la Mancha était un océan noir.

Il resta debout plusieurs minutes, prenant soin de ne pas pencher, droit comme un piquet. Puis il leva les bras sur les côtés, les tendit à l'horizontale. Heureusement, se dit-il, qu'on ne me voit pas. Cela le fit rire. Cette fois, on me prendrait vraiment pour un fou… Pendant quelques secondes, il se demanda s'il allait pouvoir changer de position, se rasseoir. S'il n'allait pas faire corps avec la cathédrale, se retrouver figé dans cette posture, pétrifié. Il deviendrait une croix. On le chercherait, le lendemain, sans le trouver. Une croix vivante, car il verrait et entendrait tout. Ou bien, il allait peut-être s'élever, battre des ailes comme une cigogne. Planer sur la cathédrale… Se poser où il le souhaitait. Ainsi, il pourrait la scruter sous toutes les coutures, trouver des angles inconnus, des perspectives inexplorées…

Il eut, en songeant encore à sa mère, un sentiment de fierté. Il n'avait pas failli. Il était resté près d'elle, malgré le chemin parcouru. La cathédrale était un monde, dont il avait fait cent fois le tour. Il avait marché des milliers de kilomètres, escaladé des murailles, défié l'abîme, porté des tonnes de ciment, de briques, de pierres, et pas un jour il ne l'avait quittée. Cette nuit, ils étaient là, tous les deux, plus unis que jamais.

Une douleur aux épaules commença à se faire sentir. Cela le rassura, presque : il ne s'était pas transformé en statue. Dès le lendemain, il allait pouvoir se remettre au travail. Il descendit les bras, respira profondément, se rassit. Voilà, se dit-il, il n'y a plus qu'à attendre. Bientôt, il fera jour…

L'aube le trouva presque endormi, les yeux ouverts mais dans un état un peu second, avec, dans la tête, par saccades, des images de son enfance, des visages qui n'existaient plus, des cousins, des camarades dont il ne savait plus rien, des lieux, des chemins, des murs disparus, recouverts par de nouvelles constructions, par ces vagues immobilières successives qu'il avait vu déferler, s'étendre, au cours de sa vie.

Ces images se suivaient d'un pas allègre, à la queue leu leu, sans qu'il cherchât à les organiser, à les diriger. Quand il entendit un bruit, en bas (le portail en fer qu'Angel avait fermé derrière lui, la veille, et qu'il venait d'ouvrir), il ne cria pas tout de suite.

Il avait scrupule à arrêter le manège. Il avait envie de découvrir, derrière les visages et les lieux qu'il venait de reconnaître, d'autres visages et d'autres lieux oubliés, qu'il croyait perdus et qui, soudain, se pressaient pour défiler devant lui.

« *¡ Justo ! ¿ Estas ahí ?* »

La voix le tira de sa rêverie. C'était Angel, qui l'appelait depuis les escaliers. Il n'était pas loin, à moins d'une dizaine de mètres en contrebas. Ce matin, la sœur de Justo s'était aperçue de son absence. Elle avait alerté Angel, qui s'était précipité dans la cathédrale, craignant le pire.

« *¡ Aquí !* » lança Justo avec un soupçon de regret, en le voyant apparaître, essoufflé et manifestement inquiet, à l'extrémité de la corniche surplombant le cloître…

Mais il se réjouit en constatant son soulagement, sa joie de l'avoir retrouvé en vie. Il crut même apercevoir une larme sur la joue d'Angel. Ils descendirent, ni plus vite ni plus lentement qu'à l'accoutumée, et Justo faisait des gestes de la main pour rassurer l'autre, lui faire comprendre que ça allait. Ensuite, tandis qu'ils buvaient un café bien noir, il se contenta des explications les plus succinctes. Non, tout cela n'avait pas d'importance, il était inutile d'en parler trop longtemps. Et, une heure plus tard, sans avoir dormi, il s'attelait de nouveau à la tâche.

Un admirateur de Justo, José Luis Martin Manteca, a produit une image 3D de la cathédrale « achevée »… Les tours frontales grimpent jusqu'au ciel, les surfaces extérieures sont recouvertes de pierre jaune (adieu les briques rouges), les portes sont peintes en bleu. Des images qui figurent, notamment, sur les calendriers et les DVD vendus à l'intérieur. Mais tout ceci, heureusement, est une pure fiction…

Si Justo avait souhaité terminer la cathédrale, il l'aurait conçue plus petite, plus ramassée. Il aurait arrêté un plan, se serait donné des objectifs, comme les promoteurs des milliers d'immeubles qui ont poussé avant 2008, et qui forment désormais ces cités fantômes de l'Espagne contemporaine, frappée par la crise… Ces villes nouvelles, ou plutôt ces banlieues nouvelles, produites pour la classe moyenne, livrées en tranches. Achevées trop vite, trop tôt, trop efficacement, puisqu'elles sont désespérément vides, en attente d'acheteurs qui ne se présentent pas. Dont certaines, peut-être, seront détruites (mais il coûte plus cher de les détruire que de les terminer – les peintures sont faites, les parquets posés, les salles de bain aménagées, les stores installés, il ne manque que les habitants). Qui ne recevront pas l'agrément du temps… Ces quartiers qui semblent des mirages, construits pour personne…

Lui a pris le parti de ne pas finir. Le parti de continuer, toujours. Le parti de l'infini. À José Manuel, l'ami qui m'accompagnait lors de ma première visite, il avait affirmé que, si c'était à refaire, il l'aurait construite plus grande encore.

Ainsi, elle serait encore plus longue à terminer, plus inaboutie…

Il y a comme une compétition, un bras de fer entre la cathédrale et ces immeubles vides, sans affectation. La cathédrale était un projet absurde, conçu par un paysan, un marginal, un fou de Dieu… Un homme d'un autre temps, un pauvre type (cela revient au même). Les complexes immobiliers de la dernière décennie étaient des projets utiles, ô combien raisonnables et recommandables puisqu'ils devaient servir à loger les catégories sociales méritantes, les citoyens responsables d'une

Espagne enfin moderne, un peu aseptisée mais intégrée au processus de la mondialisation (et, accessoirement, à enrichir les promoteurs). C'est l'inverse, pourtant, qui s'est produit : la cathédrale triomphe et les classes moyennes déchantent, sans parler des banques et des compagnies de construction, ces fameuses *constructoras* tentaculaires, censées faire la pluie et le beau temps, qui se retrouvent avec leurs millions de mètres carrés sur les bras… Juchée sur son promontoire de Mejorada, on dirait qu'elle les nargue, les défie…

Je songe à ces quartiers sans habitants, à ces cités fantômes qu'on aperçoit à la sortie des villes… L'un des plus célèbres est l'Ensanche de Vallecas, au sud-est de Madrid, pas très loin de Mejorada. Une figure littéraire se dessine. Un personnage de légende. Je crois qu'il s'y trouverait parfaitement à son aise. Je me laisse aller à la rêverie… J'aperçois sa silhouette… Un personnage, ou plutôt deux : Don Quichotte et Sancho. Je les imagine, l'un sur Rossinante et l'autre sur sa mule, avançant doucement, sans se presser. Cheminant au centre d'une large avenue déserte, sans rencontrer âme qui vive. Je les imagine… L'ingénieux hidalgo s'émerveillant. N'en croyant pas ses yeux. Persuadé de s'aventurer dans une capitale antique... Se livrant à des comparaisons. Prononçant les beaux noms de Numance, de Trébizonde... Interrogeant son écuyer, se demandant où diable ont pu passer les habitants de l'illustre cité, si c'est la guerre ou la peste qui les ont fait déguerpir. Et Sancho d'approuver mollement, la mine soucieuse, n'osant contredire son vieux maître...

Don Quichotte faisant son miel de tout... Inventant, s'extasiant, ne renonçant jamais. Introduisant de la grandeur dans la petitesse. De la noblesse dans la trivialité. De l'imprévu dans la morne succession des jours...

Le monde a pour vocation d'échouer. Le désenchantement, chacun de nous sait cela, est au coin de la rue. Il faut être fou pour survivre, mais il faut être un fou appliqué. L'important n'est pas tant la pertinence d'une idée, ou son utilité sociale, que le sérieux de l'exécution. Construire une cathédrale dans un village, seul, de ses propres mains, était une entreprise absurde, en complet décalage avec les aspirations de l'époque. Celle-ci réclamait l'inverse : du sens pratique, du bien-être, de l'hédonisme. Justo n'a rien voulu savoir. Il s'est jeté dans son œuvre, à corps perdu. Il s'y est consacré, jour après jour. Pendant plus de cinquante ans, *il n'a fait que cela*.

Et voilà, soudain, que l'inutile devient utile. Voilà que la cathédrale, au moment où l'on s'y attend le moins, sort de terre, se découpe contre le bleu du ciel. Voilà qu'elle s'élève, monte, devient visible (et l'on sait qu'il ne suffit pas d'exister pour être vu). Voilà qu'on vient la visiter de toute part, que les cars de touristes affluent, que le grand Norman Forster s'extasie. Voilà que le MoMA de New York s'en émeut (des photos de la cathédrale ont figuré, il y a quelques années, dans une exposition conçue par le célèbre *curator* Harald Szeemann, consacrée à l'art contemporain espagnol). L'important n'est pas l'idée. La plupart des gens font trop confiance aux idées. Ils cherchent la bonne idée, celle qui transformera leur vie, qui les rendra riches et heureux. Ils croient que la vie est un coffre-fort, dont il suffit de trouver la combinaison. Les bons chiffres, placés dans le bon ordre…

Mais l'important n'est pas là. L'important, c'est de se lever le matin, et de mettre un pied devant l'autre. L'important, c'est de continuer. De reprendre un vitrail là où on l'avait laissé. De poser une brique sur une autre. Peu importe s'il s'agit d'une belle brique, parfaitement réalisée, ou d'une brique tordue, manquée, estropiée.

Je constate, avec soulagement, que j'arrive au bout de mon texte. Le miracle s'est produit : Justo m'a entraîné, emporté.

Nous aurions pu ne pas nous rencontrer. Nous sommes si différents : lui, le paysan castillan, élevé dans la religion, résolu, sûr de son fait. Si décidé, d'un seul tenant... Moi, le cosmopolite, né d'un père new-yorkais et d'une mère française, sans pratique religieuse, vivant à Paris, à cheval entre plusieurs mondes, plusieurs milieux sociaux, plusieurs origines. Si composite, si peu déterminé...

Deux choses nous rapprochent, toutefois : la vieille Espagne, d'abord, dont il est issu et que j'ai connue – tant et si bien que, lorsqu'il m'arrive de rencontrer de jeunes Espagnols, aujourd'hui, j'ai l'impression d'avoir vécu dans un pays dont ils n'ont aucune idée, et je me sens, dans une certaine mesure, plus espagnol qu'eux...

Et puis, il y a ce que nous avons fait de notre vie : la consacrer à quelque chose d'absurde, d'inutile, d'intemporel, d'inadéquat. Comment qualifier cela ? Quel mot faut-il employer ? L'« Œuvre » ? Le terme est un peu grandiloquent, mais admettons (à noter qu'en espagnol, l'œuvre et le chantier sont représentés par un même mot, *la obra*)…

Au milieu d'une conversation, Justo a relevé la tête. Il m'a fixé avec, dans le regard, cette espièglerie qui est sienne, et qui affleure si souvent :

« *¿ Tu eres un intelectual, eh ?* »

L'emploi du mot « intellectuel », dans sa bouche, avait quelque chose de cocasse, d'inattendu et, je ne saurais dire exactement pourquoi (mais je promets d'y réfléchir), de libérateur…

« Oui, ai-je répliqué. Vous aussi, non ? »

Il n'a pas répondu. Mais il a fait un mouvement de la tête pour dire : dans un sens, oui.

Ainsi, nous avions cela en commun. Nous étions des « intellectuels » (ce mot qui, dans mon esprit, est lié au Paris romantique de mai 68, et semble aujourd'hui bien désuet). Pour résumer : nous étions des bizarres, des tordus, des fondus, nous ressemblions aux briques de sa cathédrale.

La fréquentation de Justo, je crois, m'a donné envie de continuer. De pousser encore un peu plus loin. D'écrire encore un livre. De poser une brique de plus. De lâcher prise, comme disent les psys, et, en même temps, de tenir bon. De rôder, encore un peu, sur les terres de l'improbable…

Et puis, il y a mon père. C'est là, peut-être, le troisième lien qui nous unit. Quand j'ai vu des images de Justo, sur Internet, j'ai pensé : c'est le genre d'homme que mon père aurait volontiers photographié. Dans les années cinquante, soixante… Lorsqu'il était en quête de densité. Et de vérité. Lorsqu'il se disait photographe. Lorsqu'il cherchait des visages qui *retenaient* la lumière, ces visages burinés, creusés, de la vieille Espagne, qui n'ont pas grand-chose à voir avec les visages d'aujourd'hui, si lisses, si désespérément jeunes, qui renvoient la lumière, ne la gardent pas.

En me renseignant sur Justo, en faisant sa connaissance, en écrivant sur lui, j'ai, peut-être, poursuivi le travail de mon père. J'ai eu l'impression de prendre le relais. J'ai continué à faire ce qu'il faisait, j'ai repris son travail, son œuvre, là où il l'avait laissée.

Songer à tout cela me rend un peu triste. Mais c'est une tristesse qui me plaît, une tristesse dont je sens, confusément, qu'elle m'est nécessaire, et me reconstitue.

Mon père, au début des années soixante, a mis de côté son œuvre pour travailler et me nourrir. Et, moi qui n'aurai vraisemblablement pas d'enfants, et pas la charge de les nourrir, je reprends le fil…

Il faut un peu de fidélité à son histoire, n'est-ce pas ? Il faut avoir une histoire… Quelque chose qui relie. Des fils suspendus, qu'on accroche soi-même. Il faut cheminer dans sa propre histoire, et s'arrêter de temps en temps, pour accrocher des fils…

Il existe encore une histoire, à propos de Justo. Une histoire qui semble rêvée, mais qui pourrait être vraie. Elle date d'il y a longtemps, peut-être des années soixante-dix. La cathédrale, en ce temps-là, était à peine sortie de terre. Dix ans qu'il travaillait dessus, seulement… Un jour, sans prévenir (la vie de Justo a ses zones d'ombre, il aime à brouiller les pistes, à garder le silence sur ses intentions), il décida de suspendre les travaux.

Depuis quelques mois, une idée lui trottait dans la tête : il voulait se rendre à Jérusalem, seul, à pied. Mais il comptait le faire à sa façon. Sans plan, comme la cathédrale, et sans préparatifs.

Il ne souhaitait pas parcourir le continent européen, à la façon des premiers croisés. Ni s'embarquer pour une longue traversée. Il voulait, plutôt, passer par l'Afrique, dont il projetait de suivre les côtes jusqu'à l'Égypte. Là, il resterait quelques jours au bord du Nil, puis remonterait par le Sinaï, comme l'avaient fait Moïse et son peuple.

Il avait cette idée, ancrée dans sa tête, qu'il lui fallait un désert. Il voulait traverser un désert. Sans se presser, pas à pas. Il n'était pas question de brûler les étapes. Il voulait errer, zigzaguer. Il voulait prendre des risques. Et, en premier lieu, le risque de se perdre... Il n'ignorait pas, bien sûr, les dangers d'une telle entreprise, tentée par un homme seul, sans matériel et sans soutien extérieur. Personne ne saurait où il se trouvait, nul ne serait en mesure de lui venir en aide. Mais n'était-ce pas ce qui faisait la beauté du voyage ? Il avait choisi de s'en remettre à Dieu. C'est lui qui déciderait. Il voulait se placer dans la main de Dieu et le désert, croyait-il, devait ressembler à sa paume, large de plusieurs milliers de kilomètres.

Il aimait l'histoire de saint Siméon le Stylite, qui avait séjourné trente-neuf ans au sommet d'une colonne, dans le désert du Nord de la Syrie, près d'Alep. Des pèlerins lui apportaient des victuailles, déposées dans un panier suspendu au bout d'une ficelle, qu'il tirait à lui. Cette idée du panier qu'il fallait hisser, sorte de préfiguration du monte-plats, lui semblait astucieuse et plaisante.

Il ne voulait pas emporter de carte. Il lui suffisait de savoir, approximativement, où se trouvait Jérusalem. Pour le reste, il demanderait sa route. Il n'avait guère réfléchi à la question des langues… Il emportait un peu d'argent, juste assez pour couvrir ses frais les premières semaines. Il verrait bien, ensuite…

Il partit un matin, expliquant à sa sœur et à sa mère qu'il avait un voyage à accomplir, un voyage d'une durée indéterminée, mais qu'elles ne devaient pas s'inquiéter. Il reviendrait dans quelques mois, dans un an. Quand n'avait-il pas tenu ses promesses ?

Il prit avec lui, tout de même, une boussole (achetée trois cents pesetas sur un marché) et se fixa un cap sud-est.

C'était la fin du mois d'août. Il avait choisi de partir l'été, afin de parcourir l'Afrique pendant l'automne, quand les grandes chaleurs se seraient dissipées.

L'après-midi du sixième jour (il avait progressé de plus d'une centaine de kilomètres), il avisa une petite colline, au sommet de laquelle se dressait un vieux moulin à vent. L'endroit était désert, d'aspect désolé, bien que le moulin parût encore en état de marche, les volants entiers et la façade assez fraîchement repeinte.

Il gravit la colline, se mit à l'ombre du moulin et contempla le paysage. Tout autour, les champs de blé s'étendaient à perte de vue. Il aperçut, au loin, un petit village, au centre duquel pointait un clocher, qui lui sembla assez imposant, à l'échelle du village, s'élevant plus haut qu'il n'était habituel. Il se dit qu'il traverserait ce village, le lendemain, et qu'il y ferait des emplettes de nourriture.

Il installa ses quelques affaires au pied du moulin, disposé à y passer la nuit. Il n'avait pas besoin de matelas pour dormir, un sac de jute suffisait, l'inconfort n'avait jamais constitué pour lui un empêchement. Bien au contraire, l'inconfort l'appelait, lui chantait toujours une douce chanson.

Pourtant, ce soir-là, il eut des difficultés à trouver le sommeil. Une inquiétude s'était installée en lui, trop profondément pour qu'il fût capable, sur-le-champ, de la débusquer et de la faire déguerpir. Elle était là, cependant. Il la devinait, comme un petit animal tapi dans un fourré.

Tout de même, il finit par s'endormir. La nuit était bien avancée. Mais, soudain, un énorme fracas le fit sursauter. C'était un bruit extraordinaire, un craquement terrible, définitif, comme s'il dormait dans la cabine d'un vieux navire qui eût heurté un écueil, affleurant près de la côte. Un bruit de bois noble et de fer ancien, qui résistaient à l'idée de se rompre, la refusaient de toutes leurs forces, et qui se retournaient, s'enchâssaient l'un dans l'autre, se tordaient.

Il se leva d'un bond. Que se passait-il ? Il s'éloigna du moulin, craignant que celui-ci n'eût été frappé par la foudre, à deux doigts de s'écrouler.

Heureusement, la lune éclairait le ciel de la Mancha, qui était parfaitement dégagé, sans un nuage. Le paysage tout entier semblait recouvert d'une peinture faiblement phosphorescente. Alors, il vit ce qu'il y avait à voir : le moulin s'était mis en marche. Non qu'il se fût vu pousser des jambes, mais presque : les volants tournaient, les immenses volants de bois, vieux de plusieurs siècles.

Justo respira un peu. Le pire, en quelque sorte, était évité. Ce n'était pas encore le jour de la grande catastrophe.

Les choses étaient beaucoup plus simples : les ailes du moulin tournaient, voilà tout. D'ailleurs, le bruit n'était pas si terrifiant, lorsqu'on s'éloignait un peu. C'était un bruit d'une grande densité, si l'on peut dire, d'une grande complexité, riche de nuances. Un vacarme supportable, tout compte fait, presque harmonieux, et dont il pouvait s'accommoder…

Mais quelque chose n'allait pas. Il fit le tour du moulin, regarda autour de lui, tendit la main. C'était une évidence, mais il mit un moment à le comprendre : il n'y avait pas de vent. Rien, pas un souffle. Une grosse pierre, haute comme un homme, se dressait à une trentaine de mètres. Il grimpa dessus, mouilla son index et leva le bras à la verticale. Pas la moindre brise. Rien.

Alors, il eut presque peur. Il pensa au diable… Et à Dieu. Il se demanda si, pendant qu'il dormait, quelqu'un était entré dans le moulin et avait mis en branle un mécanisme. Il revint et frappa à la porte. Il alla même jusqu'à s'agenouiller et regarder à travers le trou de la serrure. Mais il ne vit rien. Pas de lumière, aucun signe qui aurait pu trahir une présence.

Puis le mouvement cessa. Les ailes ralentirent, se figèrent. Les dernières vibrations se dispersèrent, se diluèrent dans la chaude nuit d'été. Que s'était-il passé ? Il n'en revenait pas. Avait-il rêvé ? Avait-il été victime d'une hallucination ? Bien sûr que non ! Les ailes avaient bel et bien tourné. Mais il ne disposait d'aucune preuve. À qui pourrait-il en parler, le lendemain, en traversant le village ? On le prendrait pour un fou, une fois de plus.

Il s'assoupit, fourbu, dormit d'une traite et se réveilla tard, quand le soleil montait dans le ciel.

Tout de suite, il pensa à la cathédrale. Des idées qu'il n'avait jamais rencontrées lui traversèrent l'esprit. Il songea à l'immensité. La cathédrale est plus vaste que le désert… C'était comme une révélation. Il y a plus à marcher dans la cathédrale, se dit-il, que dans le désert. Il y a plus à escalader, plus à descendre, plus à s'égarer, plus à se perdre… Plus à tomber, plus à se relever. L'idée de l'Œuvre, soudain, lui apparut, comme s'il s'agissait d'un immense continent à découvrir. Un territoire bien réel, mais dont les limites n'étaient pas clairement établies. Elles ne le seraient jamais. L'œuvre d'une vie… Un pays sans fin, dont il visiterait, chaque mois, chaque semaine, une région nouvelle.

Le désert, en comparaison, lui parut plus petit, et moins désirable.

Il demeura toute la journée au pied du moulin, réfléchissant, méditant, se levant pour faire quelques mètres, arpentant la colline, revenant s'asseoir. Il n'aperçut âme qui vive. Le soleil, lentement, tournait dans le ciel. Bientôt, il commença à décliner vers l'ouest, du côté de Madrid.

Vers cinq heures de l'après-midi, il rassembla ses affaires, les rangea dans son sac de toile et descendit la colline, par où il était venu.

Il fit le chemin à l'envers, marchant jour et nuit, n'éprouvant aucune fatigue, d'un pas si régulier, si vif que, deux jours plus tard, il était de retour à Mejorada. Et, dès le lendemain matin, avec une énergie renouvelée, il ajoutait une rangée de briques au mur de sa façade.

« Je fais toujours, dit Justo, plusieurs choses en même temps. Je monte sur la coupole et, un peu plus tard, je descends dans la crypte, ou bien je travaille sur un vitrail. Je ne décide jamais rien à l'avance.

C'est en fonction du ciel, des changements de temps au cours de la journée. »

Et il ajoute :

« J'aime mieux que rien ne soit jamais fini. Comme ça, je peux y retourner. »

Il y a un poème d'Antonio Machado que beaucoup d'Espagnols connaissent, car on l'apprend dans les écoles :

Caminante, no hay camino,
Se hace camino al andar.

(« Toi qui marches, il n'y a pas de chemin,
Le chemin se fait en marchant. »)

Ces vers semblent écrits pour Justo. Il ne s'agit pas de rallier un point A à un point B. Il n'y a pas de chemin. Il n'y a pas d'objectif à atteindre. Il n'y a pas de fin. Il s'agit, seulement, de se lever et d'attendre le moment propice. Le moment où la peur s'efface. Où elle desserre son étreinte. Il s'agit de se lever et, en inclinant le buste en avant, de sorte que la jambe s'avance pour nous éviter de tomber, de commencer à marcher.

Cet ouvrage a été imprimé par
Laballery, à Clamecy,
pour le compte des éditions Plein Jour,
39, rue des Mathurins, Paris VIIIe*,*
en septembre 2016.

Dépôt légal : septembre 2016
N° d'édition : 816 – N° d'impression : 609172
Imprimé en France